BEI GRIN MACHT SICH IHR WISSEN BEZAHLT

AF136104

- Wir veröffentlichen Ihre Hausarbeit, Bachelor- und Masterarbeit

- Ihr eigenes eBook und Buch - weltweit in allen wichtigen Shops

- Verdienen Sie an jedem Verkauf

Jetzt bei www.GRIN.com hochladen und kostenlos publizieren

GRIN

Das Konzept der Sozialraumorientierung. Funktionen und Wirkungen der Autofotografie und Abgrenzungskriterien für Sozialräume

Lea Sophie Biechele

Bibliografische Information der Deutschen Nationalbibliothek:

Die Deutsche Nationalbibliothek verzeichnet diese Publikation in der Deutschen Nationalbibliografie; detaillierte bibliografische Daten sind im Internet über http://dnb.d-nb.de abrufbar.

ISBN: 9783346776570
Dieses Buch ist auch als E-Book erhältlich.

© GRIN Publishing GmbH
Nymphenburger Straße 86
80636 München

Druck und Bindung: Books on Demand GmbH, Norderstedt Germany
Gedruckt auf säurefreiem Papier aus verantwortungsvollen Quellen

Das vorliegende Werk wurde sorgfältig erarbeitet. Dennoch übernehmen Autoren und Verlag für die Richtigkeit von Angaben, Hinweisen, Links und Ratschlägen sowie eventuelle Druckfehler keine Haftung.

Das Buch bei GRIN: https://www.grin.com/document/1301029

Einsendeaufgabe

Modul: Sozialraumorientierung, Vernetzung und Sozialanwaltschaft

Studiengang: Soziale Arbeit

von

Lea Sophie Biechele

Inhaltsverzeichnis

Abkürzungsverzeichnis

BPV   = Beistandschaften, Pflegschaften und Vormundschaften

bspw.   = beispielsweise

bzgl.   = bezüglich

GWA   = Gemeinwesenarbeit

SRO   = Sozialraumorientierung

vgl.   = vergleiche

z.B.   = zum Beispiel

Abbildungsverzeichnis

Tabellenverzeichnis

Anlagenverzeichnis

Vorwort

Aus Gründen der besseren Lesbarkeit wird in dieser Einsendeaufgabe auf das Gendern verzichtet, gemeint sind natürlich stets alle Geschlechter.

Aufgabe C1

Begriffsklärung Gemeinwesenarbeit

Nach Oelschlägel ist die Gemeinwesenarbeit eine „[...] sozialräumliche Strategie, die sich ganzheitlich auf den Stadtteil und nicht pädagogisch auf einzelne Individuen richtet. Sie arbeitet mit den Ressourcen des Stadtteils und seiner BewohnerInnen, um seine Defizite aufzuheben. Damit verändert sie dann allerdings auch die Lebensverhältnisse seiner BewohnerInnen" (Oelschlägel, 2001, S. 653). „Gemeinwesen" ist im Kontext der GWA laut Stövesand und Stoik als ein sozialer Zusammenhang von Menschen zu betrachten, der durch Aspekte wie einen territorialen Bezug, gemeinsame Interessen, funktionale Zusammenhänge oder sozialdemografische Zugehörigkeit definiert wird (Stövesand & Stoik, 2013, S. 16).

Bis zur Einführung der GWA orientierte sich die Soziale Arbeit stark am Einzelfall und kaum an der Lebenswelt bzw. dem Sozialraum der Klienten. Zielgruppe der GWA sind alle im Sozialraum lebenden Menschen, dabei wird nicht zwischen Alter oder Herkunft unterschieden (Stövesand, 2019a). Wesentliche Aspekte der GWA sind neben dem Sozialraumbezug und der Lebensweltorientierung außerdem Methodenintegration, kollektives Empowerment von Menschen und Aktivierung von Ressourcen und Selbsthilfe, sowie Netzwerkarbeit. GWA ist eine interdisziplinäre Aufgabe und erfordert die Mitarbeit aller im Sozialraum lebenden Akteure. Benachteiligte Bevölkerungsgruppen sollen aktiv daran beteiligt werden ihre materiellen und immateriellen Lebensumstände zu verbessern. Ziel ist es nachhaltige Veränderungen im Sinne des Empowerments zu erreichen. Dabei sollte stets auf eine angemessene Größe für einen Sozialraum geachtet werden, sodass die Bewohner möglichst ähnliche Interessen vertreten und die GWA wirksam ist. Sozialarbeiter in der GWA unterstützen ihre Klienten dabei ihre Bedürfnisse zu formulieren, den richtigen Ansprechpartner zu finden und bestenfalls bleibende Beziehungen aufzubauen (Stövesand, 2019b, S. 558–559).

Methodische Ansätze der Gemeinwesenarbeit

GWA wird heutzutage nicht mehr als Methode sondern vielmehr als Arbeitsfeld verstanden, das viele verschiedene Methoden kombiniert und an Hand von fünf Prinzipien arbeitet (Hinte, 2018, S. 206). Dies sind die integrative, die konfliktorientierte, die aktivierende und die wohlfahrtsstaatliche Gemeinwesenarbeit, sowie die Milieuarbeit (Weller-Menzel, 2018, S. 34). Diese werden in der folgenden Tabelle näher betrachtet.

Tabelle 1: Die fünf Ansätze der GWA

Integrative GWA	Bewusste Formulierung gemeinsamer Bedürfnisse und Ziele einer Gemeinschaft, Individuum soll in seiner Autonomie bestärkt und selbst aktiv werden, Förderung der gemeinschaftlichen Basis und des Gefühls der Selbstwirksamkeit.
Konfliktorientierte GWA	GWA orientiert sich nicht an abgestecktem Sozialraum sondern vielmehr an einer „Randgruppe", betroffene Gruppe soll (wieder) handlungsfähig gemacht und in ihrer Selbstwirksamkeit bestärkt werden, Fokus liegt auf demokratischer Teilhabe und ökonomischer Gleichheit.
Aktivierende GWA	Betroffene sollen erkennen, dass sie mit ihrem Problem nicht allein sind und Kraft in der Stärke der Gemeinschaft finden können, Stärkung der Einflussnahme des Einzelnen und Schwächung des „bevormundenden Staates".

Wohlfahrtsstaatliche GWA	Strukturierung und Koordinierung der Sozialen Dienste innerhalb eines Sozialraums, Anpassung von Angebot und Nachfrage, Verbesserung der Kommunikation zw. Sozialtätigen und Hilfsbedürftigen.
Milieuarbeit	Ressourcenorientierte Handlungsweise, Lebensbedingungen im Sozialraum sollen grundsätzlich verbessert werden, Bewohner sollen dabei lernen Probleme zu definieren und selbst aktiv zu werden, Ziel ist die gegenseitige Unterstützung der Betroffenen.

Quelle: Weller-Menzel, 2018, S. 34–35

Typische Methoden der GWA sind z.b. Stärken-Schwächen Analysen, Aktivierende Befragungen, Experteninterviews, Bürgerversammlungen, Konfliktmanagement, Tür-Angel-Gespräche, Schaffung von Kommunikations- und Begegnungsräumen und Bildungsarbeit (Stövesand, 2019a).

Die Anfänge der GWA in Deutschland und die Entwicklung bis heute

Historisch gesehen gab es in Deutschland schon früh erste Ansätze, die bis heute als Vorläufer der GWA hierzulande gelten. Genannt werden können hier

1. die Settlementbewegung und dabei insbesondere 1911 die Soziale Arbeitsgemeinschaft Berlin-Ost,

2. Reformkräfte innerhalb der Freien Wohlfahrtspflege und der kommunalen Fürsorge wie z.B. Alice Salomon oder Marie Baum,

und

3. die in den 1920er und 1930er durchgeführte „politische Stadtteilarbeit" der kommunistischen Partei Deutschlands (Stövesand, 2019a).

Bei der 1956 in München stattfindenden Konferenz für Sozialarbeit wurde „Community Organizing" aus dem amerikanischen Raum erstmals in deutschen Fachkreisen als Gemeinwesenarbeit etabliert. Ihren Höhepunkt erlebte die GWA jedoch erst Ende der 60er/ Anfang der 70er Jahre. Grund hierfür war das deutlich abnehmende Wirtschaftswachstum und infolgedessen verschlechterte Lebensbedingungen. Vor allem der Neubau von Wohnsiedlungen in Randbezirken und Sanierungen von Altbauten, sowie die sich mehrenden Proteste von außerparlamentarischen linken Oppositionen erforderten eine quartiersbezogene Soziale Arbeit. Der wachsende Bedarf sozialer Notlagen konnte nicht mehr mit bisherigen Mitteln gedeckt werden und die GWA wurde als Möglichkeit der Rationalisierung und der Modernisierung kommunaler Sozialarbeit angesehen. Einige Zeit galt GWA, neben Einzelfallhilfe und Gruppenarbeit, als dritte klassische Methode der Sozialen Arbeit (Stövesand, 2019a).

1975 wurde die GWA durch die Teilnehmer der internationalen Tagung „Möglichkeiten und Grenzen konfliktorientierter GWA" für Tod erklärt (Halder, 2011, S. 13). Sie hatte zwar als geschlossenes Arbeitsfeld an Bedeutung verloren, wurde jedoch weiterhin im Rahmen eines allgemeinen Prinzips, dass die Grenzen der traditionellen Handlungsfelder der Sozialen Arbeit überschritt, weiterhin praktiziert. Diese Ansicht ist schon eng mit dem heutigen Begriff der „Sozialraumorientierung" verknüpft, auf den im späteren Verlauf dieser Arbeit noch näher eingegangen wird. Da der Begriff der GWA durch die Vorfälle in der Vergangenheit negativ behaftet war, trennten sich bedeutende Protagonisten davon und ersetzen ihn durch die stadtteilbezogene Soziale Arbeit. Neu dabei war, dass verstärkt eine non-direktive Haltung gegenüber der Bewohner eingenommen und die stadtteilbezogene Kooperation mit Ämtern und Institutionen als Zwischenglied stärker miteingebunden wurde. Dies bildete die Grundlage des Konzepts der Sozialraumorientierung von 1990, einer Weiterentwicklung von GWA als Arbeitsprinzip. Mittelpunkt ist hier jedoch im Gegensatz zur GWA nicht ein Gemeinwesen, sondern ein Einzelfall, dessen sozialräumlicher Kontext zur Generierung von Interventionsmöglichkeiten betrachtet werden soll (Stövesand, 2019a).

Ende der 1990er Jahre hatte die GWA in Folge der Auflegung von Programmen zur Sozialen Stadtentwicklung eine Renaissance im Sinne von Quartiersmanagement. Neue Schwerpunkte der GWA waren fortan außerdem Gemeinwesenökonomie und Konzepte alternativen Wirtschaftens, sowie Sicherheitsdiskurse und lokale Gewaltprävention. Dies war nicht zuletzt dem neoliberalen Wandel der Gesellschaft, weg von der aktiven Sozialstaatsorientierung hin zur aktivierenden Sozialraumorientierung, geschuldet. Immer noch von großer Bedeutung in der GWA sind die Faktoren „Wohnen" und „Stadtentwicklung". Im Zuge der verstärkten Zuwanderung von Flüchtlingen und einer politischen Rechtsentwicklung sind außerdem der Umgang mit Vielfalt, die GWA als Konzept für lokale Integration und die Demokratieentwicklung in den Mittelpunkt der GWA gerückt (Stövesand, 2019a). Im Folgenden soll nun der Begriff der Sozialraumorientierung erläutert und der GWA gegenübergestellt werden.

Begriffsklärung Sozialraumorientierung

Die Sozialraumorientierung ist das Ergebnis der Nutzung und Weiterentwicklung verschiedener theoretischer und methodischer Ansätze der Sozialen Arbeit. Dabei ist sie nicht als starres Konzept sondern als dynamischer Prozess zu verstehen, der die Soziale Arbeit voranbringt (Hinte, 2006, S. 8–9). Sozialraumorientierung als fachliches Konzept der Sozialen Arbeit, hat zum Ziel die Lebenswelten und Sozialräume seiner Adressaten positiv zu gestalten, sodass diese dazu befähigt werden ihren Alltag (auch in prekären Situationen) selbstwirksam und autonom zu meistern. Dabei stützt sie sich auf fünf Prinzipien. Diese sind:

1. Ausgangspunkt jeglicher Arbeit sind der Wille / die Interessen der leistungsberechtigten Menschen (in Abgrenzung zu Wünschen oder naiv definierten Bedarfen).

2. Aktivierende Arbeit hat grundsätzlich Vorrang vor betreuender Tätigkeit.

3. Bei der Gestaltung einer Hilfe spielen personale und sozialräumliche Ressourcen eine wesentliche Rolle.

4. Aktivitäten sind immer zielgruppen- und bereichsübergreifend angelegt.

5. Vernetzung und Integration der verschiedenen sozialen Dienste sind Grundlage für funktionierende Einzelhilfen (Hinte, 2006, S. 7–8).

Fürst und Hinte beschreiben die Sozialraumorientierung wegen ihrer interdiszip-linären Arbeitsweise auch als „vielarmige Brücke" zwischen theoretischen Ansät-zen und Methoden der Sozialen Arbeit (Fürst & Hinte, 2017, S. 19–21). Zur best-möglichen Lösungsfindung werden Aspekte aus altbewährten Konzepten wie der Gemeinwesenarbeit, des Empowerments, der Theorie des Sozialen Kapitals, der Organisationsentwicklung, der Neuen Steuerung und der Lebensweltorientierung miteinander verknüpft (Früchtel, Cyprian & Budde, 2013, S. 23–25).

Der Begriff des Sozialraums wird in der Praxis häufig sehr unterschiedlich defi-niert. Sozialräume sind als subjektiv zu betrachten, da sie stark von der Lebens-welt ihrer Bewohner beeinflusst werden. Sie sind Handlungsraum von Individuen und Gruppen, die damit das Gemeinwesen gestalten. Die Zuständigkeit für Be-zirke, Städte oder Gemeinden wird an Hand von Sozialräumen abgesteckt (Morcos & Matuschek, 2018, S. 1). Hierbei sind die Kriterien geografische Kons-tellationen, historische Entstehung, Nutzung, Sozialstruktur, Wohn- und Bebau-ungsstruktur, Bürgeransichten, Verwaltungseinheiten und amtliche Statistik maß-gebend (Lukas, 2013, S. 879). Sozialräume werden durch materielle Ressour-cen, Wissen, Rang und Zugehörigkeit sowie Einschluss und Ausgrenzung be-stimmt (Früchtel et al., 2013, S. 213–214).

Gemeinwesenarbeit und Sozialraumorientierung im Vergleich

Die Begriffe Sozialraumorientierung und Gemeinwesenarbeit werden in der Pra-xis teilweise synonym verwendet. Trotz vieler Gemeinsamkeiten haben sie in der Tat jedoch unterschiedliche Ausgangspunkte und Zielsetzungen (vgl. Abbildung 1). Im Gegensatz zur GWA ist die Sozialraumorientierung viel stärker auf den Einzelfall bezogen. Bei der Gestaltung von Lebenswelten und Sozialräumen ar-beitet sie präventiv und ist darauf fokussiert die Fallarbeit zu effektiveren. Dabei richtet sie ihren Blick jeweils fast ausschließlich auf die jeweilige Adressaten-gruppe. Die Sozialraumorientierung legt außerdem großen Wert auf fallunspezi-fische Arbeit zur Erschließung vorhandener Ressourcen im Sozialraum. Dabei agiert sie zwar fallunspezifisch, jedoch stets mit Blick auf die Fallarbeit. Im Ge-gensatz dazu legt die GWA ihren Schwerpunkt stets auf das Gemeinwohl und die Veränderung der sozialräumlichen Bedingungen. Sie wird oft als „Hinter-grundkonzept" bezeichnet, dass in allen Bereichen der Sozialen Arbeit Anwen-dung findet. GWA bewegt Soziale Arbeit durch Handlungsprinzipien wie Aktivie-rung statt Betreuung und Förderung von Selbstorganisation und Autonomie, weg von der Defizitperspektive hin zur Ressourcenorientiertheit (Fehren, 2017, S. 185–187).

Abbildung 1: Vergleich SRO und GWA

Quelle: Eigene Darstellung in Anlehnung an Schönig, 2012, S. 32–34

Eine Gemeinsamkeit beider Handlungsansätze liegt darin, dass sie die individu-elle Ebene sozialer Benachteiligung und Hilfsbedürftigkeit mit der strukturellen Ebene verbinden wollen. Dabei haben sie allerdings verschiedene Herangehens-weisen. Die GWA findet auf einer gesellschaftlichen Meso-Ebene statt und be-ginnt mit ihrer Arbeit in einem lokalen Gemeinwesen. Dieser „Ort" ermöglicht es der GWA individuelle Problemlagen zu erkennen und Betroffene im Sinne eines zivilgesellschaftlichen Handelns zu verbinden. Die Sozialraumorientierung kon-zentriert sich weniger auf den Tatbestand einer gegebenen Benachteiligung und arbeitet deshalb z.B. nicht nur in „schwachen" Stadtteilen sondern innerhalb aller

14

Teilgebiete einer Stadt. Ausgehend vom Einzelfall wird versucht individuelle Lösungsansätze zu generieren. Die Sozialraumorientierung bewegt sich damit auf der Mikro-Ebene. Da gem. der fünf Prinzipien der Sozialraumorientierung immer auch ein Wandel auf der Ebene der Organisation, des Managements und der Finanzierung von Hilfesystemen vollzogen werden soll, begibt sich die Sozialraumorientierung zusätzlich auf die Makro-Ebene (Fehren, 2017, S. 187–188).

Zusammenfassend lässt sich sagen, dass die GWA mit dem Aufkommen der Sozialraumorientierung zwar eine Aufwertung erfahren hat, dadurch jedoch nicht durch sie ausgetauscht wurde, sondern weiterhin in und neben der Sozialraumorientierung als eigenständiges Handlungskonzept existiert (Fehren, 2017, S. 185).

Aufgabe C2

Die Autofotografie im Sinne einer qualitativen Sozialraumanalyse ist ein Instrument zur Dokumentation von individuellen Blickwinkeln auf Dinge in Sozialräumen. Die Klienten werden dazu motiviert für sie persönlich wichtige Orte im Sozialraum auszuwählen und diese bildlich festzuhalten. Anschließend werden die Klienten gebeten ihre Fotografien zu interpretieren. Dadurch wird der Klient zum Experten seines ganz persönlichen Lebensraums. Das Medium der Fotografie eröffnet auch weniger sprachgewandten Menschen die Möglichkeit ihre Wahrnehmungen miteinzubringen. Die Individualität der Ergebnisse erschließt dem Sozialarbeiter neue Perspektiven in einen bestimmten Sozialraum. Dies kann wiederum hilfreich sein um Ressourcen ausfindig zu machen und sich besser in die Klienten hineinversetzen zu können (Deinet & Krisch, 2009).

Alle Handlungsfelder der Sozialen Arbeit, in denen sozialräumliche Methoden angewandt werden, können von der Autofotografie profitieren. Die größte Beliebtheit erfährt sie allerdings in der Arbeit mit Kindern und Jugendlichen. Hierbei wird sie auch oft in Kooperation mit Schulen und anderen Institutionen eingesetzt. Kinder denken im Gegensatz zu Erwachsenen weniger rational und funktional, dies spiegelt sich auch in ihrer Wahrnehmung in Bezug auf ihre Umgebung wieder. Ein Zaun wird durch Kinderaugen zur Kletterwand, ein Baum wird zum Verstecke-Spielen genutzt und auf dem Weg zur Schule sitzt jeden Tag an derselben Stelle eine kleine Katze (Deinet & Krisch, 2009). Bei der Arbeit mit Kindern empfiehlt es sich, eine Geschichte als Rahmenbedingung vorzugeben, damit die Kinder den Auftrag besser verstehen und umsetzen können. Hier kann z.B. von einer Freundin aus dem Ausland erzählt werden, die gerne wissen würde, was die schönsten Orte zum Spielen in der Stadt sind. In der heutigen Zeit liegt es nahe auf Handykameras zurückzugreifen. Möchte man den Kindern die Möglichkeit geben die Bilder selbst aufzunehmen kann jedoch auch auf Einwegkameras zurückgegriffen werden, da diese in der Regel robuster sind als manche Smartphones. Vorab sollte außerdem besprochen werden, wie lange die Kinder Zeit für die Aufgabe haben und welcher Umfang an Fotos erwartet wird. Im Anschluss sollte den Kindern genügend Raum dafür gelassen werden, die aufgenommenen Fotos zu kommentieren. Die Dokumentation dieses Schritts ist von Vorteil, damit keine Details verloren gehen (Deinet, 2009, S. 78–79).

Bei der Arbeit mit Jugendlichen und jungen Erwachsenen ist es wichtig Motivation und Engagement durch spannende Aufgabenstellungen und die richtige Heranführung zum Thema herzustellen. Um den Jugendlichen ein Gefühl von Autonomie zu geben, sollte die Aufgabe so gestellt werden, dass sie diese selbstständig durchführen können. Hierzu können z.B. Stadtpläne ausgeteilt werden, die dann zur Orientierung dienen. Um alle Teilnehmer auf denselben Stand zu bringen, bietet es sich zudem an, vorher eine kleine Einführung zum Thema Smartphone-Fotografie durchzuführen. Obwohl in der Regel die meisten Jugendlichen heutzutage ein eigenes Smartphone besitzen, sollte zur Sicherheit vor Beginn der Maßnahme für Ersatz gesorgt werden. Bevor die Teilnehmer dann los geschickt werden, sollte darauf hingewiesen werden, dass sie sich „für das perfekte Foto" nicht in Gefahr begeben oder strafbar machen sollten. Ein Foto aus der Ferne reicht mit der dazugehörigen Interpretation vollkommen aus. Auch hier ist es wichtig, vorab einen zeitlichen Rahmen zu definieren. Die Anzahl der Fotos sollte ebenfalls begrenzt werden. Um das Interesse an der Aufgabe beizubehalten, sollte die Interpretation der gemachten Fotos zeitnah erfolgen (Weller-Menzel, 2019, S. 37).

Bei der Zielgruppe der Erwachsenen und Senioren sollte damit gerechnet werden, dass es große Unterschiede hinsichtlich der Fähigkeiten im Umgang mit Technik gibt. Deshalb sollte vorher abgeklärt werden, auf welchem Stand die Teilnehmer diesbezüglich sind und ob es evtl. Hobbyfotografen oder Technikaffine Teilnehmer gibt. Dies kann dann als Ressource genutzt werden, indem z.B. in kleinen Teams oder Gruppen gearbeitet wird. Am sinnvollsten ist es hier ebenfalls die Handykameras zu benutzen, für alternative Mittel sollte jedoch gesorgt werden. Der Auftrag wird am Anfang deutlich und präzise geschildert und es werden Stadtpläne ausgeteilt in denen die Teilnehmer Markierungen machen können. Hierbei kann auch abgeklärt werden, ob die gewünschten Orte für alle ohne Probleme begehbar sind, da ältere Teilnehmer evtl. in ihrer Mobilität eingeschränkt sein könnten. Wie bei allen anderen Zielgruppen sollte vorab ein klarer Zeitplan und der gewünschte Umfang der Fotostrecke besprochen werden. Nachdem alle Fotos gesammelt wurden, werden diese gemeinsam besprochen und ausgewertet (Weller-Menzel, 2019, S. 38).

Zusammenfassend kann gesagt werden, dass der wichtigste Schritt dieser Methode, unabhängig von der Zielgruppe, die anschließende gemeinsame Auswertung der Fotos ist. Erst an Hand der Erklärungen und Interpretationen der Klienten bzgl. der gemachten Fotos erhält der Sozialarbeiter aufschlussreiche Informationen über deren subjektive Ansichten bzgl. ihrer persönlichen Lebenswelt, sowie Geschichten, Zusammenhängen und Hintergrundinformationen über den Sozialraum. Dies findet in der Praxis häufig im Rahmen einer Gruppendiskussion statt (Deinet & Krisch, 2009). Damit die Sozialraumanalyse einen noch größeren Wert erfährt, empfiehlt es sich die Ergebnisse generationsübergreifend in Form eines Plenums aller Zielgruppen zu präsentieren und auszuwerten. Dadurch kommt es häufig zu Ergänzungen und neuen Blickwinkeln. Die Fachkraft hat hierbei die Aufgabe zu lenken, anzuleiten und Anstöße bzgl. der weiteren Verwendung der Ergebnisse zu geben (Deinet, 2009, S.78, Weller-Menzel, 2019, S. 38)

Als Auswertungskriterien nennt Spiegel (1997) hierfür:

1. - Welche Perspektive wurde fotografiert (nah/fern)?

2. - Wie ist die Integration des Bildes?

3. - Wie selbstrepräsentativ ist das Bild?

4. - Welche Aktivitäten vermittelt das Bild?

5. - Wie ist der Reflexionsgrad des Bildes?

6. - Hat das Bild Erinnerungswert?

7. - Hat das Bild symbolischen Wert?

(Hormuth, Lalli 1977; zitiert nachSpiegel, 1997, S. 191)

Anschließend soll nun das Instrument der Autofotografie an Hand eines Beispiels verdeutlicht werden.

Ausganssituation

Die Stadt Mengen plant den Neubau einer Wohnsiedlung mit Doppelhaushälften und Einfamilienhäusern, mit denen sie neue Familien anwerben möchte. Damit dies gelingt, möchte die Stadtverwaltung herausfinden, was und wo die attraktivsten Orte für Familien mit Kindern in der Stadt sind, um diese zusätzlich hervorheben zu können. Dies soll im Rahmen einer Sozialraumanalyse durch die Verwendung des Instruments der Autofotografie stattfinden. Dazu werden Eltern und alleinerziehende Elternteile dazu eingeladen mit ihren Kindern die für sie schönsten Orte im Sozialraum festzuhalten und zu interpretieren. Mit den Ergebnissen soll eine große Fotostrecke erstellt werden, die anschließend auf der Website und in den Sozialen Medien der Stadt Mengen, der örtlichen Zeitung, sowie auf der Website des Bauprojekts erscheinen soll. Die Eltern haben den Auftrag bekommen, ihre Kinder aktiv in die Aufgabe miteinzubeziehen und sie danach zu fragen, welches ihre Lieblingsplätze sind und warum. Die Interpretation der Fotos ergibt sich sowohl aus den Vorlieben des Kindes als auch aus denen der Eltern/ des Erziehungsberechtigten. Nachfolgend werden nun die Ergebnisse einer jungen Mutter dargestellt, die gemeinsam mit ihrer drei-jährigen Tochter ihre Lieblingsplätze im Sozialraum festgehalten und interpretiert hat. Als Material wurde eine Handykamera verwendet.

Abbildung 2: Spielplatz Mengen im Schillergarten

Quelle: Foto von Teilnehmerin Emma G.

Interpretation Emma G. und Tochter

„Hier sind wir sehr gerne, da dieser Spielplatz sich mit den Trampolinen und dem Wasserrad von den anderen Spielplätzen unterscheidet und Estelle jedes Mal neue Kinder kennenlernt."

Sozialräumliche Reflexion

Die Interpretation von Frau Emma G. zum Bild vom kürzlich neu erbauten Spielplatz zeigt nochmals deutlich, dass sich die Investition in dieses Projekt gelohnt hat. Der Spielplatz bringt einen großen Mehrwert für die Kinder der Stadt Mengen mit sich. Die einmaligen Ergänzungen wie z.B. die Trampoline und das genannte Wasserrad erfüllen den gewünschten Zweck und machen den Spielplatz noch attraktiver, da diese Attraktionen auf den anderen städtischen Spielplätzen nicht gegeben sind. Dies zieht auch Familien aus angrenzenden Städten und Dörfern an. Das Bild wurde aus einer Perspektive gemacht, aus der der gesamte Spielplatz zu sehen ist. Das genannte Wasserrad wird jedoch vom Spielturm verdeckt.

Abbildung 3: Stadtpark Mengen

Interpretation Emma G. und Tochter

„Im Park sind wir gerne, weil es hier so schön ruhig ist. Ich Estelle frei springen lassen kann und sie die Enten im Fluss gerne beobachtet."

Quelle: Foto von Teilnehmerin Emma G.

Sozialräumliche Reflexion

Frau G. schreibt zu dem von ihr gemachten Bild vom Park, dass sie ihre Tochter hier „frei springen lassen kann". Hier wird deutlich, dass der Aspekt einer gegebenen Flora und Fauna für Familien sehr wichtig sein kann. Die Kinder können hier frei sein und die Natur entdecken. Dies kann auch für die Eltern ein wichtiger Ausgleich zum oftmals stressigen Berufsalltag sein. Der Park in Mengen rund um den Stadtgraben ermöglicht eine attraktive Abwechslung für die ganze Familie. Die Perspektive des Bildes zeigt zwar nur einen kleinen Wegabschnitt, enthüllt jedoch sehr gut das idyllische Flair des Parks mit seinen vielen Bäumen und dem dort fließenden Fluss. Es lässt noch reichlich Raum für Fantasie offen.

Abbildung 4: Freibad Mengen

Quelle: Stadtwerke Mengen

Interpretation Emma G. und Tochter

„Vom Freibad haben wir ein Bild aus dem Internet genommen, da es zu dieser Jahreszeit nicht mehr so schön aussieht. Wir sind im Sommer gerne hier weil das Freibad ein schönes Kinderbecken hat und viele Möglichkeiten zum Austoben bietet. Einen Spielplatz gibt es ebenfalls hier und die Kinder können rutschen und auf der Wiese toben."

Sozialräumliche Reflexion

Das Freibad in Mengen ist für die Stadt ein riesengroßer Gewinn. Es ist jeden Sommer stark besucht und wird von Menschen aller Altersklassen genutzt. Da es im Umkreis nur ein weiteres Freibad gibt, zieht es Badegäste aus der ganzen Umgebung an. Es orientiert sich sehr stark an den Bedürfnissen von Familien und bietet einen enormen Mehrwert für den Sozialraum. Das Bild wurde nicht selbst von Frau G. und ihrer Tochter aufgenommen und sagt deshalb wenig über ihren eigenen Blickwinkel aus. Hier wird nochmals deutlich wie wichtig die dazugehörige Interpretation ist, da die von Frau G. und ihrer Tochter genannten Aspekte an Hand des Bildes gar nicht ersichtlich sind und erst durch ihre Interpretation von Anderen wahrgenommen werden können.

Fazit zur angewandten Methode

Die Fotos und die dazugehörige Interpretation von Frau G. und ihrer Tochter haben drei wichtige Orte gezeigt, die die Attraktivität der Stadt Mengen als Wohnort für Familien mit Kindern steigern. In Kombination mit den Ergebnissen der anderen Teilnehmer kann mit Sicherheit eine erfolgsversprechende Fotostrecke erstellt werden, die der Anwerbung neuer Bewohner beiträgt. Das Alter des Kindes war in diesem Falle drei Jahre, was unter Umständen zu jung sein könnte, da hier Sprachbarrieren bei der Interpretation zu erwarten sind. In Zusammenarbeit mit der Mutter des Kindes hat dies jedoch keine Probleme bereitet. Die Aufgabe konnte von den Teilnehmerinnen gut umgesetzt werden. Es konnten neue Perspektiven und Blickwinkel auf familienorientierte Orte im Sozialraum erschaffen werden und die anschließende Interpretation war ebenfalls aufschlussreich und nützlich um Details in Erfahrung zu bringen. Das Instrument der Autofotografie konnte hier seine Funktion erfüllen und kann in diesem Kontext auf jeden Fall gut angewandt werden.

Aufgabe C3

Ein Sozialraum kann im Kontext der Sozialen Arbeit als ein von Individuen und Gruppen gestaltetes Gebiet (Raum) betrachtet werden, das in einem engen sozialen Kontext steht. Um einen Sozialraum zu beschreiben, müssen raumdefinierende Elemente, soziale Güter und Menschen ganzheitlich betrachtet und in Beziehung zueinander gestellt werden. „Raum" wird auch vom individuellen Erleben seiner Nutzer geprägt und kann je nach Sichtweise anders erlebt werden. Auch wenn geografische Grenzlinien oft vorhanden sind, stehen das Verständnis über die Entwicklung und Entstehung des Raumes sowie die dahinterstehenden Akteure und deren Interessen und Pläne im Vordergrund (Früchtel et al., 2013, S. 211–216). Soziale Räume setzen sich aus den Interessen und Bedürfnissen dreier Parteien zusammen. Dies sind zum ersten entstandene Nachbarschaften, die durch das Zusammenspiel der einzelnen Bewohner gelenkt werden. Zum zweiten die öffentliche Verwaltung, die abhängig von vorhandenen Ressourcen und eigenen Zielen handelt was wiederum, zum dritten, von gesamtstädtischen Machtverhältnissen bedingt wird (Früchtel et al., 2013, S. 16, Jacobs & Albers, 1963, S. 81–82).

Damit Entwicklungen, Ressourcen und Problemlagen systematisch und fortlaufend erkannt und behandelt werden können, ist es nicht nur sinnvoll, sondern auch notwendig Sozialräume territorial abzugrenzen (Fehren, 2018). Dies geschieht bei der Implementierung des Fachkonzepts der Sozialraumorientierung in einer Gebietskörperschaft auf drei Ebenen: Dem Planungsraum, dem Sozialraum und dem Lebensweltraum (vgl. Abbildung 5). Für die Bildung von Planungsräumen können bereits bestehende sozialpolitische, räumliche Steuerungsstrukturen herangezogen werden. Auch die Zusammenfassung gewachsener Sozialräume, wie z.B. die Gemeinden eines Landkreises, kann Anhaltspunkt für die Bildung von Planungsräumen sein. Weitere Kriterien zur geografisch-administrativen Abgrenzung von Planungs-/ bzw. Sozialräumen sind geografische Konstellationen, die Art und Weise der Nutzung, die Wohn- und Bebauungsstruktur von Gebieten, sowie das Vorhandensein von Verwaltungseinheiten. Doch auch die unterschiedlichen Ansichten der in einem Stadtteil lebenden Bürger, z.B. bzgl. ihrer Abgrenzung zu Anderen, sowie die Sozialstruktur eines Gebiets (bspw.

„Reichenviertel" oder soziale Brennpunkte) sind Kriterien zur Abgrenzung von Planungs-/ bzw. Sozialräumen. Die Typisierung von Planungsräumen ermöglicht bereits eine erste Schwerpunktsetzung bzgl. der Bedarfe der dort lebenden Adressaten. Außerdem ist die Bildung von Planungsräumen aus organisatorischer Sicht unabdingbar. Sie wird von Institutionen als Steuerungsgröße genutzt um Personal und finanzielle Mittel gezielt einsetzen zu können (Noack, 2012, Weller-Menzel, 2018, S. 12–13).

Ein reflexives Handeln im sozialräumlichen Sinne ist jedoch nur dann möglich, wenn eine Wechselbeziehung zwischen geografisch-administrativen Raumaspekten – als Folge vorheriger Platzierungen sozialer Güter - sowie Menschen und der Bilanz dieser Strukturen in den individuell konstruierten und sich überschneidenden Lebensweltträumen hergestellt wird (Fehren, 2018). Lebensweltträume können durch die Analyse der räumlichen und sozialen Bezüge ihrer Bewohner definiert werden. Diese Bezüge sind häufig eng mit dem Wohnort verbunden, können jedoch auch weit außerhalb diesem liegen. Die Aufschlüsselung von Lebensweltträumen ermöglicht es, bestehende oder potenzielle solidarische Beziehungen zwischen den dort lebenden Adressaten zu erkennen. Aus der Überlappung der Lebensweltträume bilden sich Sozialräume in denen fallübergreifende Problemlagen aufgedeckt und gezielt bearbeitet werden können. Um wirksam Handeln zu können ist es von größter Wichtigkeit sowohl Wissen über Problemlagen und Schwächen als auch über Ressourcen und Stärken eines Sozialraums zu generieren (Fehren, 2018, Kluschatzka & Wieland, 2009, S. 54). Da Räume durch die Interaktionen von Menschen entstehen, ist es möglich, dass an einem physischen Ort mehrere verschiedene (Sozial-)Räume existieren. Der Hügel in der Stadt kann bspw. Treffpunkt für eine Gruppe Jugendlicher sein, gleichzeitig aber auch ein Ort zum Pause machen für Spaziergänger oder Trainingsort für Sportler (Deinet, 2009, S. 55).

Am Beispiel des Umbaus der sozialräumlichen Organisation des Landkreises Ravensburg soll im Folgenden eine Möglichkeit der Abgrenzung von Sozialräumen verdeutlicht werden.

Der Landkreis Ravensburg liegt im Süden von Baden-Württemberg und hatte zu Beginn des Projektes im Jahre 2002 ca. 275 000 Einwohner, bei einer relativ geringen Arbeitslosigkeitsrate und durchschnittlichen Sozialbelastungsfaktoren.

Den größten Ballungsraum machen dabei die Städte Ravensburg und Weingarten aus. Dazu kommen 31 ländliche Gemeinden und sechs weitere größere (Kreis-)Städte: Aulendorf, Isny im Allgäu, Bad Wurzach, Bad Waldsee, Leutkirch im Allgäu und Wangen im Allgäu. Angebote der Sozialen Arbeit sind im Landkreis Ravensburg in verschiedensten Formen zu finden. Darunter zählen eine Vielzahl an Jugendhilfeeinrichtungen, einige große Behinderteneinrichtungen, ein Zentrum für Psychiatrie, eine Jugendstrafvollzugsanstalt und eine Fülle an kleinen Trägern im Bereich der Beratungsangebote und der offenen Jugend(sozial)arbeit. Die Gesamtstruktur der Jugendhilfe des Landkreises wurde in diesem Projekt zum Gegenstand gemacht, mit dem Ziel, die Inanspruchnahme der kostenintensiven teilstationären und außerfamiliären Hilfen zu reduzieren und mehr junge Menschen mit Hilfsbedarf zu erreichen (Gutemann & Goller-Martin, 2007, S. 87–88). Anlage 1 stellt das Ergebnis der Jugendhilfeplanung des Landkreises bildlich dar.

Der Umbau der sozialräumlichen Organisation dauerte rund sieben Jahre und wurde durch die externe Unterstützung dreier Organisationsberatungen und umfangreicher interner Klärungsprozesse getragen (Gutemann & Goller-Martin, 2007, S. 90). Folgende Zielvorgaben galt es bei der Neugestaltung einzuhalten:

„- der Erhalt bzw. der Ausbau der Bürgernähe des Fachbereichs Kinder, Jugend und Familie

- die regionale Aufgabenverteilung in allen Aufgabenbereichen der öffentlichen Jugendhilfe und damit verbunden der Abschaffung der Zuständigkeit nach dem

Buchstabenprinzip

- die enge Verzahnung der wirtschaftlichen und sozialpädagogischen Dienstleistungen

- eine möglichst überschaubare Zahl an zuständigen Fachkräften für eine Familie

- die partnerschaftliche Zusammenarbeit mit Städten und Gemeinden und

- die Berücksichtigung von Sozialräumen und Lebenswelten der Bürger und Bürgerinnen beim Neuzuschnitt der Planungsräume" (Gutemann & Goller-Martin, 2007, S. 90).

Um diese Ziele verwirklichen zu können, war es im Voraus zwingend erforderlich, eine Definition sozialräumlicher Jugendhilfe und den damit verbundenen Sozial- und Lebensweltträumen vorzunehmen. In diesem Fall erfolgte dies durch die Zusammenfassung mehrerer bereits bestehender Sozialräume zu Planungsräumen. Hierbei wurde darauf geachtet, dass die Leistungsempfänger innerhalb der Grenzen der jeweiligen Planungsräume so gut wie alle Leistungen in Anspruch nehmen können. Entstanden sind dabei die fünf Planungsräume Schussental Süd, Schussental Nord, Ravensburg Nord-West, Allgäu Süd und Allgäu Nord. Auf Grund gesetzlicher Bestimmungen und dem Umfang einiger Aufgabenbereiche war es vereinzelt nicht möglich alle Aufgabenbereiche differenziert in den fünf Planungsräumen zu bearbeiten. Deshalb werden diese auf Grundlage einer Kooperationsvereinbarung weiterhin gemeinsam bearbeitet (Gutemann & Goller-Martin, 2007, S. 90–92).

Abbildung 5: Vereinfachte Darstellung der Aufgabenverteilung des Jugendamtes in Ravensburg

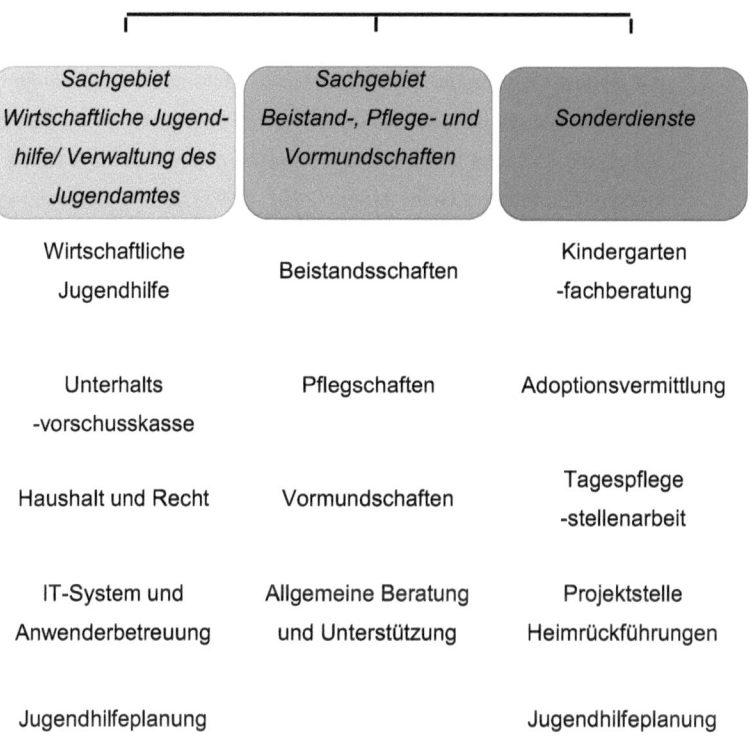

Amtsaufbau klassisch

Amtsleitung

Sachgebiet Wirtschaftliche Jugendhilfe/ Verwaltung des Jugendamtes	Sachgebiet Beistand-, Pflege- und Vormundschaften	Sonderdienste
Wirtschaftliche Jugendhilfe	Beistandsschaften	Kindergarten -fachberatung
Unterhalts -vorschusskasse	Pflegschaften	Adoptionsvermittlung
Haushalt und Recht	Vormundschaften	Tagespflege -stellenarbeit
IT-System und Anwenderbetreuung	Allgemeine Beratung und Unterstützung	Projektstelle Heimrückführungen
Jugendhilfeplanung		Jugendhilfeplanung

Quelle: Eigene Darstellung in Anlehnung an Gutemann & Goller-Martin, 2007, S. 91

Abbildung 6 veranschaulicht die erfolgte Verteilung der Aufgaben des Jugendamtes. Die zentral organisierten Aufgaben, die nicht auf die einzelnen Planungsräume verteilt werden können, wurden unter dem zentralen Sachgebiet „Sonderdienste" zusammengefasst. In den Sachgebieten BPV und wirtschaftliche Jugendhilfe/ Verwaltung des Jugendamtes wird nun ausschließlich nach dem Regionalprinzip gearbeitet (Gutemann & Goller-Martin, 2007, S. 91).

Für eine umfassende Aufgabenerledigung in den regionalen Sachgebieten wurden die vorhandenen Mitarbeiter entsprechend des jeweils vorhandenen Bedarfs verteilt. Die Personalstellen wurden entsprechend der Einwohnerzahl aller Altersgruppen und der Einwohnerzahl der unter 21-Jährigen, sowie der zum Stichtag vorhandenen Fallzahlen aus den Bereichen Beratungsangebote und Hilfen zur Erziehung den fünf regionalen Sachgebieten zugeordnet. Jedes Sachgebiet hat einen Sachgebietsleiter, dessen Zuständigkeit alle Aufgabenbereiche umfasst. Außerdem wurde jeder Sachgebietsleitung ein Querschnittsthema als Vertiefungsgebiet übertragen. Eine wesentliche Säule stellen zudem die Qualitätsbeauftragen dar, die für jeden Aufgabenbereich eingesetzt sind um gleichbleibende Standards und eine sich ständig weiterentwickelnde Soziale Arbeit zu gewährleisten (Gutemann & Goller-Martin, 2007, S. 93). Zur Verdeutlichung der Aufgabenteilung und der Aufteilung der jeweiligen Arbeitskräfte im Jugendamt Ravensburg kann abschließend Anlage 2 betrachtet werden.

Anlagen

Anlage 1: Jugendhilfeplanung Landkreis Ravensburg

Jugendhilfeplanung					
sonstige Aufgaben	Angebote der Tagesbetreuung	Prävention		Hilfe zur Erziehung	
		Allgemeine Förderangebote	Kompensatorische Angebote	Familienunterstützende Hilfe zur Erziehung	Fremd-unterbringung
		Allgemeine Förderung der Erziehung in der Familie	Hilfen zum Ausgleich sozialer Benachteiligung Schutz zur Gefährdung	Ambulante Hilfen zur Erziehung / Hilfe zur Erziehung für einen Teil des Tages	Hilfe zur Erziehung über Tag und Nacht

Beratungsstellen §§ 16, 17, 28

Regionalisierte Dienste des Jugendamtes

Förderung von Kindern § 25
Unterstützung selbstorganisierter
Tagespflege § 23
Krippe
Hort § 22
Kindergarten

Tageseinrichtungen altersgemische Betreuungsangebote

aäa-Jugendinformationszentrum
Familientreffs
Familien- und Elternbildung
Jugendverbandsarbeit, § 12
Offene Jugendarbeit
Jugendagentur Ravensburg
Aktionsprogramm zur Stärkung der Familien

Jugendberatung
Förderprogramm von Aussiedlerjugendlichen
Jugendberufshilfe, Schulsozialarbeit
Arbeit mit allein Erziehenden
Jugendsozialarbeit § 13

Jugendarbeit § 11
Förderprogramm für Kinder, Jugendliche und Familien
Kinder-, Jugend- und Familienbeauftragte

Erziehungsbeistand § 30
Sozialpädagogische Familienhilfe § 31
Soziale Gruppenarbeit § 29
ambulante ISE § 35

Integrierte Tagesgruppen, §§ 27 (2), 32
flexible teilst. Betreuung

§35 ISE
stat. Henner-erz. § 34
Vollzeitpflege § 33

Intensität, Spezialisierung und Kosten der Hilfe nehmen zur Spitze der Pyramide zu, während die Zahl der Adressaten abnimmt. präventive Angebote fast nicht bestehen und vorwiegend Schadensbegrenzung gemacht wird.

Lebenswelt-, präventive- und Ressourcenorientierte Kinder- und Jugendhilfe nach dem KJHG fordert eine Umkehrung aller Mittel hin zur Stärkung der Prävention und unterstützender Maßnahmen.

Adoption, BPV, Jugendgerichtshilfe, UHV, WJH

Quelle: Gutemann & Goller-Martin, 2007, S. 89

Anlage 2: Amtsaufbau Jugendamt Ravensburg

Amtsaufbau heute
Organigramm Jugendamt

Sozialdezernat 3
Amtsleitung Jugendamt
Gesamtverantwortung
Grundsatzfragen und Jugendhilfeausschuss
Zentralsekretariat

SG/Region Schussental Süd	SG/Region Schussental Nord	SG/Region Lkr. RV Nord-West	SG/Region Allgäu Süd	SG/Region Allgäu Nord	SG Beistand-, Pfleg- und Vormundschaften	Stv. Amtsleitung Jugendhilfeplanung Sonderdienste
Sachgebietsleitung	Sachgebietsleitung	Sachgebietsleitung	Sachgebietsleitung	Sachgebietsleitung	Sachgebietsleitung	Sachgebietsleitung
Vertiefungsgebiet: Haushalt/Finanzen, zentr. Rechtsstelle, Qualität WJH, Förderprogramme	Vertiefungsgebiet: Förder. d. Erziehung i.d. Familie §§ 16 ff, Fam.gerichtshilfe § 50, Arb.m. allein Erziehenden	Vertiefungsgebiet: Jugend und Schule, Jugend und Beruf, Bürgerschaftliches Engagement	Vertiefungsgebiet: Projektfinanzierung, Projekt Betreuung	Vertiefungsgebiet: Jugendarbeit, Jugendsozialarbeit, Erz. Kinder- und Jugendschutz § 14	Vertiefungsgebiet: Unterhalt, Einnahmen	Vertiefungsgebiet: Qualität HzE und SD, Jugendhilfeplanung, Sonderaufgaben, Projekte
VWS	VWS	Verwaltungssekretariate (VWS)	VWS	VWS	VWS	VWS
SD	SD	Soziale Dienste (SD)	SD	SD	Sachbearbeitung Beistandschaften Pflegschaften Vormundschaften	Adoption
						Tagespflege
						Heimrückführung
WJH	WJH	WJH	WJH	WJH	WJH	Kindergartenfachberatung
UHVK	UHVK	Unterhaltsvorschusskasse (UHVK)	UHVK	UHVK		

Soziale Dienste (SD)
Allgemeine Beratung
Sonstige Beratungsangebote
Jugendberatung
Jugend- und Familiengerichtshilfe
Hilfe zur Erziehung
Trennungs- und Scheidungsberatung
Eingliederungshilfe für seelisch behinderte Kinder und Jugendliche
Hilfe für junge Volljährige

Quelle: Gutemann & Goller-Martin, 2007, S. 92

Literaturverzeichnis

Deinet, U. (Hrsg.). (2009). *Methodenbuch Sozialraum* (Lehrbuch, 1. Aufl.). Wiesbaden: VS Verl. für Sozialwiss. Verfügbar unter http://www.social-net.de/rezensionen/isbn.php?isbn=978-3-531-15999-7

Deinet, U. & Krisch, R. (2009). *Autofotografie.* sozialraum.de. Zugriff am 01.10.2020. Verfügbar unter https://www.sozialraum.de/autofotografie.php

Fehren, O. (2017). *Gemeinwesenarbeit und Sozialraumorientierung – ein ambivalentes Verhältnis.* BUNDESVERBAND FÜR WOHNEN UND STADTENT-WICKLUNG E. V. Zugriff am 01.10.2020. Verfügbar unter https://www.vhw.de/fileadmin/user_upload/08_publikationen/verbandszeit-schrift/FWS/2017/4_2017/FWS_4_17_Gemeinwesenarbeit_und_Sozialraum-orientierung_O._Fehren.pdf

Fehren, O. (2018). *Engagement im Sozialraum: Bürger_innen und Institutionen gleichsam aktivieren. Ein Interview mit Prof. Dr. Oliver Fehren* (Friedrich Ebert Stiftung e.V. Akademie Management und Politik, Hrsg.). Bonn. Zugriff am 05.11.20. Verfügbar unter https://www.fes.de/akademie-management-und-politik/veroeffentlichungen/mup-interviews/engagement-im-sozialraum

Früchtel, F., Cyprian, G. & Budde, W. (2013). *Sozialer Raum und Soziale Arbeit. Textbook: Theoretische Grundlagen* (Lehrbuch, 3., überarb. Aufl.). Wiesbaden: Springer VS. https://doi.org/10.1007/978-3-531-19046-4

Fürst, R. & Hinte, W. (Hrsg.). (2017). *Sozialraumorientierung. Ein Studienbuch zu fachlichen, institutionellen und finanziellen Aspekten* (utb Soziale Arbeit, Bd. 4324, 2., aktualisierte Auflage). Wien: Facultas.

Gutemann, K. & Goller-Martin, S. (2007). Sozialraumorientierte Jugendhilfe im Landkreis Ravensburg. In Verein für Kommunalwissenschaften e.V. (Hrsg.), *Sozialraumorientierter Umbau der Hilfen zur Erziehung: Positive Effekte, Risiken + Nebenwirkungen Band 2. Dokumentation der Fachtagung des Vereins für Kommunalwissenschaften e.V. in Kooperation mit dem Jugendamt der Stadt Stuttgart vom 27. bis 29. November 2006 in Berlin* (S. 87–98). Berlin.

Halder, V. (2011). Die These vom „Tod der Gemeinwesenarbeit". *Sozial Extra, 35*(9-10), 13–17. https://doi.org/10.1007/s12054-011-0363-x

Hinte, W. (2006). Geschichte, Quellen und Prinzipien des Fachkonzepts „Sozialraumorientierung" (Einleitung). In W. Hinte, W. Budde & F. Früchtel (Hrsg.), *Sozialraumorientierung. Wege zu einer veränderten Praxis* (1. Aufl., S. 7–26). Wiesbaden: VS Verlag für Sozialwissenschaften.

Hinte, W. (2018). Gemeinwesenarbeit. In G. Graßhoff, A. Renker & W. Schröer (Hrsg.), *Soziale Arbeit* (S. 205–216). Wiesbaden: Springer Fachmedien Wiesbaden. https://doi.org/10.1007/978-3-658-15666-4_14

Jacobs, J. & Albers, G. (1963). *Tod und Leben großer amerikanischer Städte* (Bauwelt Fundamente, Bd. 4, 3. Aufl.). Basel: Birkhäuser. https://doi.org/10.1515/9783035602128

Kluschatzka, R. E. & Wieland, S. (2009). *Sozialraumorientierung im ländlichen Kontext* (Forschung und Entwicklung in der Sozial(arbeits)wissenschaft, 1. Aufl.). Wiesbaden: VS Verlag für Sozialwissenschaften.

Lukas, H. (2013). Sozialraum. In D. Kreft & I. Mielenz (Hrsg.), *Wörterbuch soziale Arbeit. Aufgaben, Praxisfelder, Begriffe und Methoden der Sozialarbeit und Sozialpädagogik* (7., vollständig überarbeitete und aktualisierte Auflage, S. 878–879). Weinheim: Beltz Juventa.

Morcos, S. & Matuschek, K. (2018). *Sozialraumorientierung für Non-Profit-Organisationen (NPOs). Räume für Engagement entdecken.* Friedrich Ebert Stiftung. Zugriff am 30.09.2020. Verfügbar unter http://library.fes.de/pdf-files/akademie/mup/15239.pdf

Noack, M. (2012). *Der Raum als Scharnier zwischen Lebenswelt und Hilfesystem – Raumanalysen zur lebensweltlichen Kontextualisierung erzieherischer Hilfen.* sozialraum.de. Zugriff am 05.11.2020. Verfügbar unter https://www.sozialraum.de/der-raum-als-scharnier-zwischen-lebenswelt-und-hilfesystem.php

Oelschlägel, D. (2001). Gemeinwesenarbeit. In H.-U. Otto, H. Thiersch & K. Böllert (Hrsg.), *Handbuch Sozialarbeit, Sozialpädagogik* (2., völlig überarb. Aufl., S. 653–659). Neuwied: Luchterhand.

Schönig, W. (2012). Born to be wild? Aktuelle Varianten, Zielgruppen und Haltungen der Gemeinwesenarbeit. In R. Blandow, J. Knabe & M. Ottersbach (Hrsg.), *Die Zukunft der Gemeinwesenarbeit* (S. 29–44). Wiesbaden: VS Verlag für Sozialwissenschaften.

Spiegel, H. von. (1997). *Offene Arbeit mit Kindern - (k)ein Kinderspiel. Erklärungswissen und Hilfen zum methodischen Arbeiten.* Münster: Votum-Verl.

Stövesand, S. (2019a). *Gemeinwesenarbeit.* Bonn: socialnet Lexikon. Zugriff am 28.09.2020. Verfügbar unter https://www.socialnet.de/lexikon/Gemeinwesenarbeit#toc_3

Stövesand, S. (2019b). Gemeinwesenarbeit. In F. Kessl & C. Reutlinger (Hrsg.), *Handbuch Sozialraum* (Sozialraumforschung und Sozialraumarbeit, Bd. 14, S. 557–579). Wiesbaden: Springer Fachmedien Wiesbaden. https://doi.org/10.1007/978-3-531-19983-2_34

Stövesand, S. & Stoik, C. (2013). Gemeinwesenarbeit als Konzept Sozialer Arbeit – Eine Einleitung. In S. Stövesand, C. Stoik & U. Troxler (Hrsg.), *Handbuch Gemeinwesenarbeit. Traditionen und Positionen, Konzepte und Methoden ; Deutschland - Schweiz - Österreich* (Buchreihe Theorie, Forschung und Praxis der sozialen Arbeit, Band 4, S. 14–36). Opladen: Verlag Barbara Budrich.

Weller-Menzel, M. (2018). *Sozialraumorientierung als Konzept der Sozialen Arbeit. Titel-Nr. 1478-01.* Studienbrief. Riedlingen: SRH Fernhochschule The Mobile University.

Weller-Menzel, M. (2019). *Methoden und Instrumente der Sozialraumorientierung. Titel Nr. 1494-01.* Studienbrief. Riedlingen: SRH Fernhochschule The Mobile University.